JN409102

諷詩調詩集 · 34

풍諷계戒집集 · 1

박진환 제52시집

지성·감성의 메타언어
조선문학시인선·370

諷詩調詩集·34

풍諷계戒집集·1

조선문학사

■ 책머리에

풍계집(諷戒集) 전 25권을 상재하며

풍시조(諷詩調) 시집 『풍계집(諷戒集)』 25권은 2013년 7월 『2012년 8월』에서 『2013년 7월』까지 1년에 걸쳐 쓴 풍시조를 전 12권으로 묶어낸 이후에 쓴 시들을 전 25권으로 엮어낸 풍시조 시집이다.

시집 타이틀을 『풍계집』이라 한 것은 사전적 의미 그대로 슬며시 에둘러서 훈계한다는 뜻을 지니고 있다. 에두르다가 말을 바로 하지 아니하고 둘러서 한다는 뜻이고, 훈계가 타일러서 경계함이니 이는 풍시조가 생명으로 하고 있는 통징(痛懲)을 의미한다.

통징은 법적 제재나 물리적 제재가 아닌 일종의 문화적 징벌쯤이 된다. 곧 시로써 감행하는 악에 대한 복수쯤이 되는데 그 때문에 시의 엄벌쯤이 되게 된다. 시집 타이틀인 『풍계집』은 바로 이런 시의 복수로서의 맥락과 잇대어 있다고 할 수 있다.

밤낮없이 매일 7~8편을 썼으니 무던히 부지런을 떤 셈인데 질로는 불만이 많으나 양으로는 그런대로 거둔 것이 있고 레토릭도 나름대로 구사했다고 본다.

기회 있을 때마다 언급했지만 풍시조는 악에 감행한 일종의 시의 복수다. 그 때문에 감행하면 할수록 다다익선이 되는, 사회적으로나 문화적으로 유용한 복수이게 된다. 그것은 복수가 마음속에 품고 있던 원한을 앙갚음하는 보복으로서의 복수가 아니라, 악을 일깨워 선에 이바지하게 하거나 악을 교화시켜 선으로 돌아오게 하는 그런 개선의 의도에서 감행하는 복수이기 때문이다.

문화적 징벌은 정신적이고도 정서적 카타르시스를 체험하게 한다. 그것은 정화에 값하는 시의 효용으로 작용하기 때문이고 이러한 효용은 시대적 비리나 부조리, 사회적 부정이나 부패, 그리고 시대나 사회 전반에서 자행되고 있는 악행을 응징함으로써 카타르시스의 배가와 함께 시의 육성으로 감겨오는 잔잔한 메아리의 정서적 교감을 체험하게도 한다.

시는 사유의 전유물도, 정서적 유희의 도구도, 그렇다고 언술이나 수작만도 아니다. 주어진 시대나 현실을 살아가는 살아있는 양심만이 토해낼 수 있는 육성이다.

풍시조는 그런 육성을 양극화 · 아이러니 · 펀 · 골계 · 유머 등으로 변용, 재구성해내는 컨시트의 미학이자 이를 생명으로 하는 시다.

『풍계집』 전 25권은 바로 이러한 레토릭으로 담아낸 살아있는 육성으로 감행한 시의 복수로서의 통징의 미학임을 밝혀둔다.

2014년 初夏

저자

박진환 제52시집 / 諷詩調詩集 · 34

풍諷계戒집集 · 1

차례

불 뿜거든

전력난으로 에어컨 가동도 시원찮을 텐데 땀께나 흘리겠다
국정원 선거개입, NLL 발언공개로 여야 독 오른 설전이 한참
정치기류 한랭전선인데 설전도 전쟁은 전쟁이라서 불 뿜거든

북녘 신앙이어서

남녘 나랏님은 국빈으로 방중인데 초청 기미 없는 북녘
어쩌나, 핵가슴 되면 이열치열도 안 통하는 열병 못 면할 텐데
그래도 신주 모시듯 모시는 핵, 북녘 신앙이어서

판정패한 셈이지

남북 기싸움, 심판 따로 있었네
남녘은 국빈 방중으로 기 팍 살고
북녘은 지켜보다 약코 팍죽었으니 판정패, 중국이 국제 심판인셈이지

세계가 부러워해

한·중 국빈 정상회담 자랑할 것도 뽐낼 것도 없어
지켜보며 받지 못한 초청 부끄러워할 것도 실망할 것도 없어
하루빨리 남북정상회담 가져봐, 엄청 세계가 부러워해

핵만 포기하면 그리 돼

말씀인즉 생각 바꿔 핵 포기해 봐
국빈보다 더 격 높여 초국빈으로 모셔
세계 박수소리에 경기 안하면 다행, 핵만 포기해 봐, 그리 돼

남과 북

한·중 정상회담이 뜻하는 것, 두 나라 관계 정상이란 뜻이야
어찌 한·중뿐이겠는가, 한·미, 한·일도 다 그래
헌데 정상회담은커녕 장관회의도 무산된 남과 북이라니

핵이 종교인 나라는 없으니까

민주국가에선 신앙의 자유를 법으로 정하고 있지
헌데 핵을 구원으로 믿고 신앙하는 북녘 종교 핵은 달라
세계가 이단으로 제재, 허긴 핵이 종교인 나라는 없거든

삭풍과 열풍이 함께 불어

정치기류는 한랭전선인데 설전은 불을 뿜는 열전지대
어느 나라 전선이냐고? 코리아의 여의도 전선
삼동과 연옥이 공존하는 여의도엔 정치 삭풍·열풍 함께 불어

거꾸로 염색했나

국정원이면 온 나라 꽃이 만발한 큰 정원인 줄 알았는데
꽃은커녕 비난의 여론이 당긴 화살에 흘린 피 꽃보다 붉데
한때 붉은 사상 하얗게 탈색하던 탈색법 두고 거꾸로 염색 했나

똥물 아니어서 다행이라 할지

국회, 비방·폭로·막장 드라마에 국민들 신물이 난다던데
단물 바란 적 없고, 맛본 적도 없으니 억울하기 그지없어
거기다 신물이라니 똥물 아니어서 다행이라 할지

여의도 아니던가

옥상엔 호박 · 오이 · 수세미 · 나팔꽃 · 여주 넝쿨들이
다투어 악연이란 악연 죄다 걸어 감고 서로 얽혀 있다
어디서 많이본것 같은 저 작태, 여의도 1번가 풍속이 저러하지 않던가

용대기 내세우듯

MB 취임 초 현장영어를 두고 이글리쉬라고들 했어
문법 · 어법 상관없이 의사만 소통되면 되는 영어, 영어뿐이겠나
모든 외국어가 다 그렇지만 용대기 내세우듯은※ 안 내세움만 못해서

※ 용대기(龍大旗) 내세우듯 : 사소한 재주라도 내세워 자랑하고 싶어 하는데 비유하는 우리 속담.

극과 극은 통한다니까

비난 · 비리 · 비모 · 비의 · 비정 · 비행에 비염앓이까지
비자 돌림병에 경기 안하면 인간 아니지
헌데 비자 돌림에 선도 있데 비핵화, 극과 극은 통한다니까

속이는 기술이라고

정치를 자유의 실현, 선의 실천, 고귀한 헌신이라 했겠다
명언만 골라 장식한 정치
우리도 한 말씀 합시다, 정치는 기술, 속이는 기술이라고

정작 미국은

미 스노든 첩자냐? 용기 있는 양심인이냐?
세계의 시각은 후자쪽으로 기우는데, 정작 전자쪽 미국은
한출첨배는 고사하고 되레 저돌희용 앞세우다니

※ 한출첨배(汗出沾背) : 등에 진땀이 흐른다 함이니 지극히 부끄럽다는 뜻.

※ 저돌희용(猪突豨勇) : 멧돼지 같은 용맹이 있다는 뜻이니 앞뒤를 생각 않고 함부로 날뜀.

등만 보이데

한국 말발 센 줄 알았더니 침묵을 더 좋아하는가봐
대사관 도청, 나라마다 따지며 항의가 빗발치는데
코리아는 얌전히 빗발피해 우산펼쳐 얼굴가리고 등만 보이데

고양이 흉내해서야

세계 40여 개국 대사관, 미국 몰래 도청

정작 스파이짓은 미 당국이 해놓고 폭로한 스노든 첩자로 몰아

눈 감고 아웅, 등치 큰 사자가 고양이 흉내해서야

부앙무괴 소리 높여 외칠 수 있을까

미국의 양심, 미국의 용기, 스노든의 폭로에 세계가 경악인데
정작 미국은 용기와 양심에 부끄러워 얼굴 붉힐 줄도 몰라
그러고도 세계 1등국 자처, 부앙무괴 소리 높여 외칠 수 있을까

※ 부앙무괴(俯仰無愧) : 하늘을 우러러도 땅을 굽어봐도 한 점 양심에 부끄러움이 없음.

소음차원이어서

골드 투 라인이란 이니셜로 불리는 지인 김이선
NLL 소음 속에서 문득 그리움이 되는 골드 투 라인
그리움까지야 바랄 수 없지만, 떠드는 NLL 소음차원이어서

멀고 멀고 또 멀어서

박근혜 중국나들이 치맛바람, 북녘엔 메가톤급 태풍
만약에 평양나들이 할 수 있다면 태풍 훈풍될 수 있을 텐데
어쩐다, 걸어서 하루길 평양, 멀고 멀고 또 멀어서

짊어지고 다니면 짐만 되거든

미 스노든, 진실을 밝히고도 나라마다 망명 거부당해
일심가이사백군이라던데 어찌해서 진실이 통하지 않는지
허긴, 진실 실종된지 오랜데다 짊어지고 다니면 짐만 되거든

※ 일심가이사백군(一心可以事百君) : 신하는 진심만 있으면 百君을 섬길 수 있다는 뜻이니 마음만 진실하면 백 사람에게 믿음을 받는다는 뜻.

같은 혈통이었구나

정부 기업 준조세 할당액이 1조원에 육박한다데

그나마 사실상의 강제할당이란 언론보도

그랬었구나, 준조세란 게 민주·창조경제와 같은 혈통이었구나

연옥끼리 이웃했구나

이웃 중국은 홍수에 지진에 폭염까지 삼중고 생지옥
일본은 선거승리 열기로 망언 삼복 연옥
코리아는 여 · 야 정치 설전으로 전쟁터, 연옥끼리 이웃했구나

굴착기 한 대면 끝

코리아는 금광지대, 파면 팔수록 검은돈 숨어있는 노다지

수고롭게 불도저 안 들이밀어도 돼

부잣집 동네엔 널려 있는 게 금, 창조 굴착기 한 대면 끝

정치풍토가 그래

연옥 같은 이 땡볕 한발지대에 쨍쨍쨍 금가는 소리
얼음장 깨지는 소리 같은데 꽁꽁 얼어붙은 동토였던가 봐
입으론 불뿜고 가슴엔 얼음덩이, 코리아의 정치토양이 그래

자랑하기엔

한국 6·25 참전국중 최하위에서 최상위 경제발전국 됐다던데
폐허의 잿더미 위에 국민들 흘린 땀이 거름이 됐다는 뜻
허나 자랑하기엔 패전국 일본이 차지한 세계수준급엔 못미쳐서

바다가 돼야 않겠나

NLL, no Line이면 좋을 걸 L 하나 더 붙어 Line 남겨야하거니
싸우지 말 것이, 언젠가는 없애야할 저주의 선 아니던가
선도, 금도, 한계도 다 받아주는 바다가 돼야 않겠나

우리 속담 배워갔으면

미 스노든 망명 제공국 제재 공언
비밀전쟁 도청은 저리가라, 미사일 앞세우겠다 이거지
그래도 되는 건지 몰라, 도둑이 매든다는 우리 속담 배워갔으면

3·8전선 그대로거든

북녘에선 6·25 승전이라 자축 축포 터뜨리고
미 오바마는 비긴 게 아니라 한국승리라고 거들던데
졌다 한것보다야 낫네마는 달라진 게 없어, 3·8전선 그대로거든

가두는 꼴 안 될지

DMZ에 공원조성 했으면 하는 구상 같던데, 글쎄
철조망 울타리 삼아 DM 없는 Z, Zoo에 사는 살찐 동물들
금 그어 공원 짜 맞추면 되레 금하나 더 그어 가두는 꼴 안 될지

문제만도 못한 정답이어서

국정원 국정조사 공개냐 비공개냐로 여야 문제 삼던데
문제가 왜 필요해, 공개도 정답, 비공개도 정답 아니던가
문제는 정답은 정답인데 문제만도 못한 정답이어서

째라고 배 내밀었을 걸

의리의 사나이, 통 큰 남자 등등 소문 자자했던 전 전대통령
재산압류 대처 놓고 보인 꼴 소문관 달리 그게 아니었어
아니었기 다행이지 소문대로였으면 째라고 배 내밀었을 걸

백두산 호랑이 됐거든

통일원장관 개성공단 재개촉구 맛보기 당근 내밀던데
북녘 당나귀는 옛말
지금은 호부우 맛 즐기는 백두산 호랑이 됐거든

※ 호부우(虎負圩) : 호랑이가 산에 의지해 힘을 과시한단 뜻이니 지역에 할거하는 영웅을 이르는 말.

작문정치 못 면하거든

부처마다 예산청구 천문학적 숫자, 의욕은 좋네마는
전 정권이라고 일이 없어 못했나, 의욕 없어 못했나, 돈이 없어 못했지
돈 없으면 장밋빛청사진도 그림의 떡, 작문정치 못 면하거든

모로 세운 눈도 갸우뚱

6·25 60주년 맞아 중국은 자성론을, 미국은 한국승리를
G2의 엇박자 놀음에 고개 절로 갸우뚱, 고개만 갸우뚱이면 좋게
60년 만에 이제사 그걸 깨닫다니 모로 세운 눈도 갸우뚱

정답 있지

칼은 칼로, 불은 불로, 물은 물로 망한다는 옛분들 이야기
허면 기싸움 오기는?
길로 가라니까 메로 간다※는 우리 속담에 정답 있지

※ 유리하고 편한 방법을 가르쳐줘도 따르지 않고 제 고집대로만 하는 고집불통을 두고 하는 우리 속담.

흉내 즐기고 있거든

뭣이 그리 급해 일요일 골라 최후통첩 했을까? 한다고 먹힐까?
채찍과 당근, 그거 당나귀에게나 쓰는 것 아닌가?
이제 북녘, 당나귀 아닌 백두산 호랑이 흉내 즐기고 있거든

금가고 째질 밖에

엇박자면 불협화음, 깨지는 소리 나지
어디서 나냐고? 남북, 여야, 여여, 야야 도처에서 금가는 소리 나지
그때그때 땜질 아니면 봉합하기니, 금가고 째질 밖에

핵바람만 불고 있어서

평화공원 좋지, 근린공원도 아니고 평화공원 아닌가
헌데 철조망 등에 하고 있는건 그렇다치고라도
천리동풍은커녕 북녘엔 시한폭탄 핵불바람만 불고 있어서

※ 천리동풍(千里同風) : 온 천지에 같은 바람이 분다는 뜻으로 태평한 세상,
곧 평화로운 세상을 말함.

오기여서

백두산 정기를 받아선가? 한라산 정기를 받아선가?
남북 워낙 기가 센 기싸움이어서
헌데, 기라는 게 사기 · 독기 · 시기 · 원기 · 노망기만도 못한 오기여서

땡 아닌가

1년에 풍시조 1,200편을 썼더니 미쳤다 하는 눈치다
눈치만이 아니라 돌았어란 입속말이 들릴 것 같다
그래 돌고 미쳤다, 안돌고 안 쓴 것보다 미쳐 쓰는 것이 땡 아닌가

언제 끄덕일지

모 저명한 경제학자, 경제민주화 개념·전망·실현성 모호하다며

모호한 개념정립만이 경제민주화 정립할 수 있다고 피력

입입마다 모호 뇌며 절레절레 젓는 고갯짓 언제 끄덕일지

입으로 똥 싼 꼴 되거든

일 집권당, 선거 승리하자 입입마다 망언 되풀이
우리 속담에 방귀 자주 뀌면 똥 싼단 말 있지
망언이란 게 구리기가 똥보다 더해 입으로 똥 싼 꼴 되거든

기도 안 통하는 답답증

개성공단 실무회담 최후통첩, 시선 집중엔 성공
헌데 어쩐다, 관심집중·기대집중엔 고개 절로 갸우뚱
갸우뚱 끄덕으로 바꿀 묘안 없으니 기도 안 통하는 답답증

망쪼꽃 안 될지

장마 그치자 세상만난 듯 소리치며 악을 쓰는 아가리
아베, 아소 아자돌림 자랑하듯 벌린 아가리로 쌍나팔
나팔꽃이었으면 짱일걸 망자돌림으로 꽃잎 했으니 망쪼꽃 안 될지

※ 아가리 : 왕매미의 전라지방 방언.

알고나 터거리 놀려

아베 · 아소, 아자 돌림으로 망언 이중창
손뼉 마주치고, 화음 좇아 쌍나팔 불어서 좋고, 그래 불어라 불어,
불어 거꾸로면 어불, 어불성설이란 뜻 알고나 터거리 놀려

어른답게 말 좀 하시려나

아베 · 아소님 우리도 말 좀 합시다
우리말로 아베는 꼬마란 뜻이고, 아소는 스스로 꼬맹이란 뜻
허니 하는 말마다 유치원생 수준, 언제 어른답게 말 좀 하시려나

구경거리 신세 못 면하는 국회

야는 의사당 아닌 길거리로, 여는 파트너 없는 국회서 삿대질만
국민들 구경거리 즐기다 넘어오는 신물 뱉어내며 입 모아 하는 말
"잘한다, 잘해, 꼴좋다", 구경거리 신세 못 면하는 국회

말하나마나지

일본 각료, 한국 민도 운운하던데 민도 좋아하시네
독일신문 일본각료 도의 수준 미달이라고 비아냥했데
국민 다스리는 각료 도의수준 미달이면 국민 민도수준 말하나마나지

우리 처지만 억울하지

핵을 대통령의 무기라고? 허긴 대통령만이 사용권 가졌으니까
세상은 핵 가진 대통령 세상, 허니 북녘, 핵 포기 하겠나
핵 못 가진, 아니 가질 수 없는 우리 처지만 억울하지

급급하니

여야, 상생 어쩌고 저쩌고 입으로만 떠드는 구두선
상생은 고사하고 상대마저 원수보듯 한데 상생은 무슨놈의 상생
상생 하려면 물꼬 터 소통해야 하는데 여야, 보 막기에만 급급하니

여야 간에 선으로 그어

NLL 따지다가 여야 간에 정치 NLL 금 그었어
안그래도 3·8선이다, 여야다, 영호남이다 금 긋고 사는 세상인데
NLL이 무슨 자랑이라고 여야 간에 선으로 그어

안 그럼만 못해서

천막이면 어떻고 길거리 정치면 어떻냐, 국민과 소통만 된다면
국회란 울타리 안에서 소통 안 되는 것보다야 훨 낫지
문제는 길들여지기 버릇되면 안 그럼만 못해서

코쟁이 상대 하겠나

일 아소, 히틀러법 운운 철회한다고? 아이고 열없겠네
한국인인 내가 이리 열어우면 일본 국민은 어떠할까
석자나 빠진 코, 그래가지고서 어찌 코쟁이 상대 하겠나

사탄의 피가 너무 많이 섞이고

역대 국세청장 19인 중 그 절반인 8인이 검찰 도마에
돈과 권력과 비리는 삼위일체인가, 아니면 한 혈통인가?
삼위일체기엔 죄가 너무 크고, 혈통엔 사탄의 피가 너무 많이 섞이고

못하나? 안하나?

야당 정치인 북녘에 편지 보내 통 큰 결단 촉구했던데
한손으로 소리 나나, 손뼉도 마주쳐야 소리 나는 법
여당도 통 큰 결단 주문해볼만 한데, 못하나? 안하나?

침묵 뒤엔 이열무도가

북녘 개성공단 최후통첩에도 묵묵부답으로 침묵 즐겨

그래 맞았어, 침묵 지키는 게 아니라 즐기는 게야

오직 할 일 없으면 침묵 즐기겠냐만, 침묵 뒤엔 이열무도가

※ 이열무도(怡悅舞蹈) : 즐겁고 기뻐 춤추고 뜀.

그래서였구나

무기를 그치는 것을 무라 하는 명언, 무로써 무를 지배한단 뜻

무기 중의 무기, 핵으로 핵을 지배하는 대통령의 무기는 핵

해서 핵포기하면 항복하는 이치, 북 핵포기 못하는 것 그래서였구나

망언보다 먼저 배웠어야

일 아소 나치망언 세계여론 도마 위에 오르던데
도마에 오르면 칼 못 면하고 칼 못 면하면 피 흘리기 마련
혀가 곧 칼, 칼이 곧 혀라는 명언, 망언보다 먼저 배웠어야

당 수레가 끌고 가는 것이어서

한길은 큰길이니 대도이고, 우여는 굽음이니 굽잇길 아니던가
헌데 당 잘만난 굽잇길은 대도행이고 대도는 간관 못 면하니
정치행차라는 게 당 수레가 끌고 가는 것이어서

※ 간관(間關) : 매우 험악한 행로

국제 열병 전국시대인 걸

한 · 일에, 남 · 북에, 여 · 야까지 벌이는 기 싸움
싸움도 열전, 열전에 팽팽히 부푼 기 터지기 직전
허긴, 안 터져도 이미 더위 옮아 국제 열병 전국시대인 걸

독만 들어 있어서

마늘엔 매운 독과 독이 당으로 변하는 두 성질을 지니고 있다
마늘에 일정한 열을 가하면 건강식 흑마늘이 되고 독이 당이 된다
불의 순수가 독을 지배함이다, 헌데 불 중의 불 핵엔 독만 들어 있어서

창궐하고 있어

왜 사람들은 자기의 복보다 남의 화를 더 기뻐하는 것일까
필시 승기자염지의 못된 시샘 때문일 터
세상도 그래, 건선 사라진지 오래이고 행인지불행 창궐하고 있어

※ 승기자염지(勝己者厭之) : 자기보다 나은 사람을 싫어함.

※ 행인지불행(幸人之不幸) : 남의 불행을 기뻐함.

덕을 묻다니

文·清·廉·儉·信은 매미의 五德, 여기에 樂 하나 더하면 六德

미물들의 五德·六德 읽어 벗하면 할 일 없음인가, 파한인가?

물어 뭣하랴, 肉德밖에 지닌 게 없는 비계덩이 세상에 德을 묻다니

빈 배여서

여유 없는 완벽보다 여유 있는 미완을 더 사랑한다
비움 없이 채울 수 없듯이 여백 없인 채울 수도 없음이다
헌데 사람들의 배는 채워도 채워도 채워지지 않는 빈 배여서

연등 밝혀졌으면

만발한 연꽃 다투어 카메라에 담느라 야단들이다
아무리 찍어봐라, 연꽃 뒤에 가려진 연등 찍히나
연꽃을 꽃으로만 보는 저 맹자단청들 마음에도 연등 밝혀졌으면

※ 맹자단청(盲者丹靑) : 소경이 단청구경 한다는 뜻으로 봐서 알지도
못하는 것을 보는 체함.

흑금뿐이거든

金生麗水란 아름다운 물에서 금이 난다는 뜻
헌데 순 구식, 신식으론 시커먼 흙탕물에서 금 나거든
국세청 봐, 흙탕물에서 건져내는 흑금뿐이거든

혀 잘못 굴려 개소리 되면 그리되지

사람이 짐승과 다른 것은 말을 하기 때문
해서 말 잘못하면 짐승만도 못하게 돼
달리 개만도 못한 세상이겠나, 혀 잘못 굴려 개소리 되면 그리되지

소통이 금이거든

요새 침묵이 유행인가보데
북녘이 그리하고, 청와대가 그리하고
침묵이 금이란 말 왕구식, 신식으론 소통이 금이거든

전 · 월세 공간은 행복한 공간이어서

구석진 방이 소유하고 방어하는 행복한 이미지의 공간이라면
집 또한 열린 사회 속의 소유 · 방어의 행복한 공간이 아닐까?
헌데 요즘은 소유의 공간은 불행, 전 · 월세 공간은 행복한 공간이어서

안 그러란 법 없거든

일 방사선 아베의 문제없다완 달리 일국민 95% 문제있다 반응에
미 시리아 공습 미국민 60%가 반대라니 지배와 피지배의 거리
남의 일 아닌 것이 우리라고 안 그러란 법 없거든

우나 안 범할지?

여 · 야 뿌리 논쟁 불붙던데 여는 종북에 야 뿌리 잇대이고
야는 독재 · 유신에 뿌리 잇대이니 나무 흔들긴가? 뿌리째 뽑긴가?
뿌리 따지다 근본 잃고 피지부존모장안부의 우나 안 범할지?

※ 피지부존모장안부(皮之不存毛將安傅) : 피부가 없으면 털이 붙을 곳이 없다는 뜻으로, 근본을 잃으면 가지나 잎에 관한 일은 논할 필요가 없다는 좌전(左傳)에 나오는 말.

현김(玄金)도 예외 아니지

玄金 만나봤자 쓸데없어, 現金이 만나야지
허긴 약속으로 건네는 어음도 좋고, 악수로 건네는 手形도 좋지만
뭐니 뭐니 해도 현금이거든, 玄金도 예외 아니지

이걸 합쳐야 창존데

음과 양, 양기가 우주 만물 창조 원리라던데
시기 · 살기 · 투기 · 허기 · 호기로 오기만 부리는 기싸움
허니 양기가 양극으로 안 갈라지겠나, 이걸 합쳐야 창존데

꿍꿍이속

북녘, 남녘 재촉에도 묵묵부답, 묵살이냐? 암중모색이냐?

아니면 구외불출이냐?

침묵 뒤에 가린 의뭉이 더 궁금한 금설폐구의 꿍꿍이 속

※ 구외불출(口外不出) : 생각은 있으되 말은 아니함.

※ 금설폐구(金舌蔽口) : 금으로 혀를 만들어 입을 가린다 함이니 침묵을 일컫는 말.

안 함만도 못하겠지만

일, 방사능 은폐 사실로 드러났는데도 해명 · 조처 없어
그 잘난 망언지껄이듯 하면 즉각 반응 있을 법한데, 아니었어
허긴 해봤자 망언 차원이면 안 함만도 못하겠지만

약이 될 판

남북도, 여야도, 청야도 엇박자
쳐봤자 불협화음만 커질 뿐이라면 안 침만 못해
안 그래도 시끄러운 세상, 침묵이 되레 약이 될 판이어서

남아있을 테니까

어느 거짓말로 평생을 살아온 위인이 죽기 전 남긴 말
'나 안 죽는다'를 유언으로 남기고 죽었다
거짓말이 아니었다, 죽은 후에도 유언은 살아 남아있을 테니까

허리가 잘려나간 불면

장마 끝나자 찾아온 열대야 찜통인데 귀뚜리가 이빨을 세웠다
계절성 염병앓이 못 면한 인간들의 불면을 갉아대며
실솔실솔 입추를 알리는 미물들의 입질에 허리가 잘려나간 불면

100% 무위

철 되어 맴맴 우는 매미, 귀뚤귀뚤 우는 귀뚜리는
순수만이 지닐 수 있는 자연진취와 법도를 좇음이 아니던가
여름내 삼계·보신탕만 즐긴 육덕으론 지닐 수 없는 순도 100% 무위

속담 생겼겠나

남북회담 교착, 국회파행 등등 등만 보이는 작태
얼마나 부끄러우면 얼굴 돌리고 등만 내밀까?
꼽사등 한반도, 달리 등이 더우랴 배가 부르랴※ 란 속담 생겼겠나

※ 하는 일에서 옷이나 밥거리가 생기지 않는다는 뜻으로 어떠한 일에 아무 이익이 없다는 뜻.

소나기

형제도, 동포도, 민족도 부질없는 옛말
지금은 따로따로 분화 거쳐 핵화 시대, 북녘 봐, 핵이 대세거든
소나기도 그래, 3형제 헤어진지 이미 오래, 혼자 지나가거든

채무자 신세 못 면할 판

대학졸업증이 빚 차용증서라니 빚쟁이 신세 못 면할 판
빚으로 대학졸업하고 빚쟁이로 살아야 하는 등 굽은 딱한 처지
거기다 직장 얻기 바늘구멍이니 평생 채무자 신세 못 면할 판

따로 따로 따따로

여야 속셈 따로 계산 따로
따로 따론 부족해 따따로까지
허니 어찌 정치 행보, 걸음마 수준 면했다 하겠는가

※ 따로 따로 따따로 : 어린이가 처음으로 따로 서기를 익힐 때 어른이 붙들었던 손을 떼려고 하면서 부르는 소리.

자살률 금메달은 따논 당상

가계부채 1천조원 시간문제, 1천 500조원에 육박설까지
갚기는커녕 해마다 늘어나느니 빚더미뿐
빚더미 높아질수록 낙법도 쉬워 OECD국중 자살률 금메달은 따논당상

북한산 전매특허품인데

미 언론 귀가 먹었나 침묵을 좋아하나
오바마 거부권 두고 세계가 맹비난인데
미언론 침묵하데, 침묵 그거 한반도 전매특허품인데 언제 배워갔나

그것이 궁금해서

미 오바마 거부권 행사 국제여론 비등, 얼마나 들끓었으면
여론 증발해 보도가 필요 없었을까, 미 언론 침묵이던데
문제는 침묵이 거부권 옹호냐? 항의 시위냐? 그것이 궁금해서

귀뚜리 삼덕

입추 알려 가을을 맞게 하니 신(信)이 있음이고
밤의 적막을 깨뜨려 달 벗하게 하니 우(友)가 있음이다
더해 청상불면 달래주니 정(情)이 있음이다, 귀뚜리 三德 신 · 우 · 정

인심도 못 읽으니

호우에 천둥·번개·낙뢰 1일 3천여 회로 초유의 일
옛분들 나랏님이 정사를 잘못해 꾸짖는 하늘의 노여움이라고 했지
허나 그건 천심을 읽을줄 알던 때 일이고, 지금은 인심도 못 읽으니

없는 걸까?

2자 회담, 3자 회담, 5자 회담, 6자 회담 회담 풍년
입 많아지면 말 또한 많아지고, 말 많아지면 시끄러워
무릎 맞대고 귀 기울여 푸는 그런 조용한 회담은 없는 걸까?

빈 접시뿐

핵 회담, 남북회담, 여야 회담, 회담, 회담, 회담
회담은 풍년인데 말의 풍요완 달리 결실은 빈껍데기
껍데기로 성찬의 식단 마련할 순 없지, 허니 메뉴 없는 빈 접시뿐

‘위에’와 ‘위해’서

나랏님은 하늘이 점지한다던데, 글쎄?
옛날엔 힘센 자, 혈통 잘 타고난 자가 왕, 지금은
하늘도 혈통도 아닌 국민의 선택, 해서 국민 ‘위에’가 아닌 국민 ‘위해’서

물이 불을 이기는 법이어서

청와대 비서진 물갈이 두고 야선 불난데 기름 붓기라고 혹평

옛분들 말씀 빌면 구화투신이란 뜻쯤일 터

물갈일 두고 기름·장작 해쌌네만 물이 불을 이기는 법이어서

※ 구화투신(救火投薪) : 불을 끄려고 장작을 던진다 함이니 근본을 다스리지 아니하고 성급하게 행동하다가 도리어 그 해를 더 크게 함의 비유.

됐으면

개성공단 7차 회담, 空談 아닌 公談회담 됐으면
오기로 핏대 세운 기싸움 아닌 청사의 페이지 장식할 記회담 됐으면
회담이 되어 분단의 장벽 허물어 개통하는 關門, 開城 됐으면

따로 따로 다른 걸

2자 회담은 왜 안 되고, 3자 회담, 5자 회담은 왜 또 안 되는 걸까?
생각 따로, 잇속 따로, 꿍꿍이 속 따로따로 달리한 때문 아닐까?
달리한 게 그뿐이겠나, 혈통도, 이념도, 철학도 따로 따로 다른 걸

삐딱해야 풍시조 쓰거든

편두통이 심한 날은 내자에게 머리통 지압을 부탁한다
내자왈 "삐딱한 생각만" 하니 편두통을 앓는단다
헌데, 모르시는 말씀, 머리도 가슴도 마음도 삐딱해야 풍시조 쓰거든

현대판 진실이거든

좋으면 좋다하고 싫으면 싫다하는 것이 진실이다
헌데 장식된 허위보다 부끄러운 게 진실이다
허위의 찬란한 패션에 가려 벌거숭이 못 면한 게 현대판 진실이거든

좇을 밖에

빵빵하게 에어컨 켜 더위 몰아내보지만
되레 더위가 에어컨 바람을 딸꾹질 한 번 없이 삼켜버린다
짜증내지마, 약육강식의 자연법칙과 다르지 않으니 좇을 밖에

세상 아니던가

백성들이 굶주린건 위에서 세금을 먹는 자가 많아서란 老子의 말
준민고택이나 가렴주구는 이를 두고 한 말 아니었을까?
탓하지 마시게나, 내는 놈 따로, 먹는 놈 따로 있는 게 세상인 것을

※ 준민고택(浚民膏澤) : 세금을 몹시 착취하여 백성의 힘을 다하게 함.

※ 가렴주구(苛斂誅求) : 세금을 강제로 거두어들임.

그 때문이 아니던가

APT값 떨어지고 전세 오르고, 재산세 오르고 APT값 떨어지고
오르고 또 오르면 못 오를 리 없다는 산 얘기고, APT는 높을수록 추락
투신자살률 OECD국 최고는 그 때문이 아니던가

•

박진환 시인은 전남 해남 출신으로 동국대 국문학과를 거쳐 중앙대 대학원을 졸업(문학박사)했다. 1960년 동아일보 신춘문예(詩)·1963년 自由文學(문학평론)으로 문단에 데뷔했고, 국제PEN한국본부 사무국장 및 이사, 한국문협 고문을 역임했다. 제9회 시문학상, 제3회 비평문학상, 펜문학상, 윤동주문학상 등을 수상했고, 한서대학교 교수 및 예술대학원장을 역임했으며 현재 월간『조선문학』발행인 겸 주간으로 있다. 중요 저서로는 시집에『귀로』,『사랑법』,『꽃시집』,『三行詩抄』Ⅰ~Ⅺ『諷詩調』,『박진환시전집』Ⅰ·Ⅱ·Ⅲ·Ⅳ·Ⅴ·Ⅵ·Ⅶ,『物神時代』Ⅰ·Ⅱ·Ⅲ·Ⅳ·Ⅴ,『동굴일지』Ⅰ·Ⅱ·Ⅲ·Ⅳ·Ⅴ,『2012년 8월』에서『2013년 7월』까지,『풍계집·1』에서『풍계집·25』까지 76권의 시집이 있고 평론집으로『한국현대시인론』,『현대시론』,『21C시학과 시법』등 다수와『한국시의 공간구조 연구』,『21C 시학』,『시창작론』,『諷詩調詩學』외 다수의 역저가 있다.

•

조선문학시인선 370

諷詩調詩集·34

풍諷계戒집集·1

2014년 8월 20일 인쇄
2014년 8월 30일 발행

지은이 / 박진환
발행인 / 박진환
펴낸곳 / 조선문학사
등록번호 / 1-2733
주소 / 120-853 서울 서대문구 통일로 389(홍제동)
전화 / 02-730-2255
팩스 / 02-723-9373

ISBN 978-89-98115-60-9

정가 10,000원